AF426140

Ben Renk Körü Müyüm?

İklim Değişikliği Üzerine Bir Hikâye

Yazar ve illüstratör

Estela T Domaoal

Çeviri: Büşra Küçük

White Falcon Publishing

www.whitefalconpublishing.com

Ben Renk Körü müyüm?
Estela T Domaoal

www.whitefalconpublishing.com

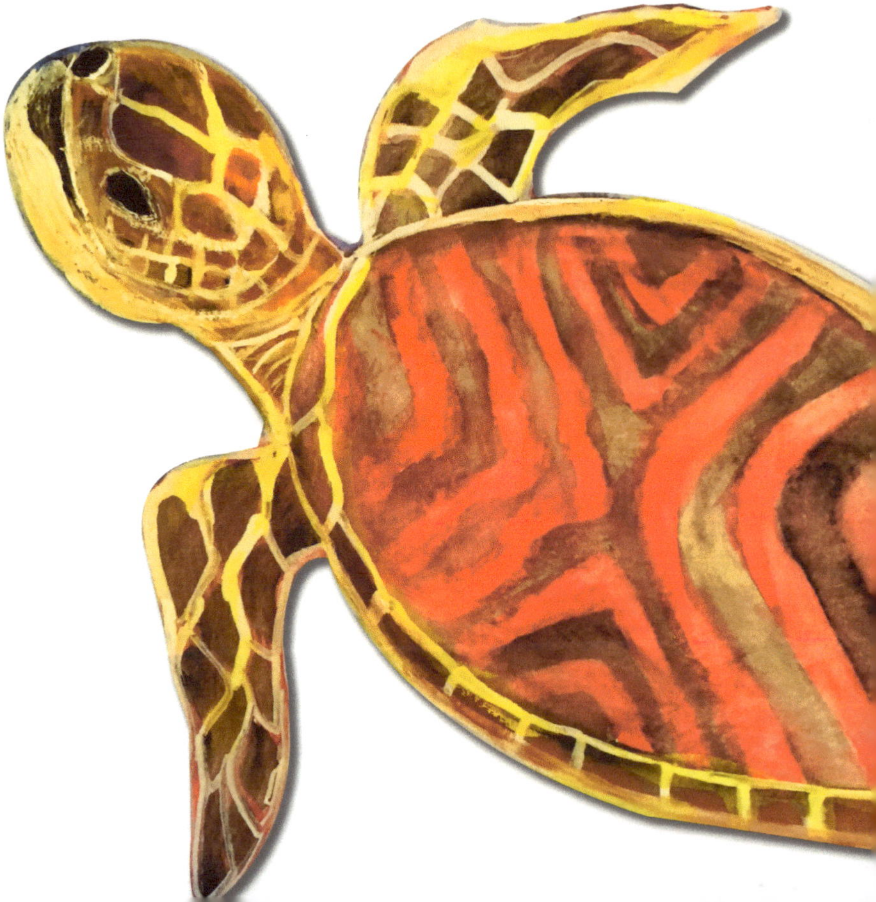

Ruperto'ya sevgilerimle

Üç ayaklı olarak doğan Roy, dengesini koruyamayan ve hantal yüzen neşeli ve gamsız bir kaplumbağaydı. Annesi Bayan Green, dünyaya gözlerini ilk açtığında kabuğunun üzerine düşen büyük kayayı suçluyordu.

Geceleri tüm kardeşleri, kuzenleri ve arkadaşları uyuduğunda, Roy kaslarını güçlendirmek için yüzerdi. Bu sayede Bayan Green, Roy'un evden çıkmasına izin verecek ve arkadaşlarının yaptığı dedikodu ve alaycı sözlerden dolayı kendisini üzmeyecekti. Annesinin onaylamamasına rağmen Roy, evden çıkmak için can atıyordu.

"Seni sakat bırakan o taş canını yakmadı ama, arkadaşlarının alaycı sözleri ve sözlü tacizleri büyük bir yara bırakacak".

Günün birinde Roy annesinin haberi olmadan dışarı çıktı.
Dışardan evini ilk defa gördüğünde büyüklüğüne hayran
kalmıştı.

Roy, Avustralya'nın Queensland kıyılarında yer alan devasa bir su
kütlesi olan Büyük Set Resifi'nde yaşıyordu.

2

Tropikal suyun renklerinin nasıl iç içe geçerek dağıldığını hayal bile edemiyordu. Derinlerde yoğun mavi tonları hakimken, elektrik mavisi tonları aralardan süzülüyordu.

Nefes almak için yukarıya doğru yüzerken, yeşilimsi turkuaz renkteki suyun, dalgaların gümüşümsü gri kabarcıkları arasında süzülüşünü gördü.

Daha on sayısına bile ulaşmadan su iki kez değişerek farklı tonlara ve biçimlere dönüştü.

"Nasıl da büyüleyici! Büyük Set Resifi çok görkemli bir yer."

oy'un annesi onun evden kaçmasından hoşnut değildi, ama artık büyüyüp dünyayı keşfetmesinin vaktinin geldiğini düşünüyordu.

Roy, uçsuz bucaksız mercan resiflerinin şekillerini, büyüklüklerini ve çarpıcı renklerini düşünmekten bir türlü kendini alamıyordu. Hatta bu mercanlar, balık sürüsünün hareketleriyle uyumlu bir şekilde suyun melodisine uyarak incelikle dans ediyor gibi görünüyordu.

Minik balık sürüleri, koca ağızlı dev balıklar, yavaş hareket eden deniz kaplumbağaları, yönünü şaşırmış yengeçler ve korkusuz köpekbalıkları bu mercan resifinin güzelliğinin tadını çıkararak yaşıyorlardı.

6

Günün birinde Roy arkadaşlarının davetiyle uyandı ve onlarla birlikte gezintiye çıktı. Grubu memnun etmek isteyen Roy, arkadaşlarının sırtına binmesine izin verdi. Roy büyük bir hızla süzülürken düşüp kabuğunun üzerine ininince, arkadaşları bir daire çizerek etrafa sıçradı ve hiçbirine zarar gelmedi.

Ömründe hiç bu kadar gülmemişti! Üç bacağı olduğunu nasıl olurdu da unutabilirdi? Arkadaşlarına ne kadar güçlü olduğunu göstermeye mi çalışıyordu?

Ama bu kaza Roy'un canını hiç mi hiç sıkmadı.

Onun canını asıl sıkan şey suyun gitgide ısındığını hissetmesi ve etrafındaki renklerin değişmesiydi. Gözlerinin artık eskisi gibi görmediğinden korkarak, yarı şaşkın bir halde Bayan Green'e yaklaştı.

"Anne, renk körü mü oluyorum?"

"Kabuğumun rengi mi soluyor?"

"Mercanları kim beyazlaştırdı? Bulanık ve zayıf görünüyorlar."

"Zamanımın sonuna mı geliyorum?"

10

Annesi kelimelerini dikkatlice ve akıllıca seçti. Sözleri Roy'un yüreğinde yankılandı.

"Zaman daima bizim yanımızdadır, oğlum. Ne yazık ki artık etrafımızdaki renkler solgun ve daha renksiz görünüyor.

Hayır, renk körü olmuyorsun.

Gezegenimize bir şeyler oluyor. Bu belki doğal güçlerin getirdiği bir şeydir, belki de insanoğlunun doğal kaynakları kullanarak kaydettiği ilerlemenin sonuçlarından biridir."

"Bir 'iklim değişikliği' yaşıyoruz. Suyun sıcaklığı arttıkça ve kirlenmeye başladıkça, gözümüze çarpan bu renkler değişmeye başlıyor.

Bu olayların bir gün yeryüzündeki varlığımızın sonu olacağını düşünmekten nefret ediyorum.

Ama inancını kaybetme oğlum. İnsanoğlu şefkatli ve sorumluluk sahibidir. Bu gezegeni terk etmemize izin vermezler. Bizi korumanın ve bir zamanlar tadını çıkardığımız görkemli manzaraları geri getirmenin yolunu bulurlar."

Hem gökteki tüm yıldızlar yok olana kadar bizi gözeten kudretli bir güç var."

O gece Roy, gözünden yaşlar süzülürken kudretli olana dua etti.

"Ey Kudretli, Büyük Set Resifi'ni evim yaptığın için teşekkür ederim. Kör olmadığım için teşekkür ederim.

Lütfen ailemi ve arkadaşlarımı kurtar, harika mercanlara, balıklara, karideslere ve yengeçlere, yaşayan her türlü deniz canlısına iyi bak."

"Bir de deniz altındaki o canlı renkleri geri getirebilir misin?

Lütfen?"

Yorgun düşen Roy, mercanların kollarında çabucak uyuya kaldı.

"Evim, güzel evim!" diye fısıldadı mercanlar.

"Tüm dileklerinin gerçekleşmesi dileğiyle, iyi uykular."

Büyük Set Resifi

Avusturalya Queensland'ın kuzeydoğu kıyısında yer alan Büyük Set Resifi, mercan resiflerinin en zengin örneklerine ev sahipliği yapıyor. Bugüne kadar mercan resiflerinin etrafında oluşan kirlilik resifleri etkiledi.

Yazarın Büyük Set Resifi'ne yaptığı bir ziyaret bu kitabın ilham kaynağı oldu. Resifin olağanüstü güzelliği çizimlerle ifade edilirken, yazar genç okurlara "iklim değişikliği" ile ilgili basit bir mesaj veriyor.

20

Teşekkür

Beni yazarlıkla tanıştıran akıl hocam Pido'ya teşekkürler.

Kitaplara olan büyük sevgisi ve üretken yazılarıyla yeni maceramda bana ilham veren Ruell'e teşekkürler.

Çocuklara olan gerçek sevgisiyle beni çocuk kitapları yazmaya teşvik eden Abbas'a teşekkürler.

Bu kitabı çevirirken sergilediği heyecanlı tutumuyla fark yaratan Büşra'ya teşekkürler.

Sydney'deki ve yurtdışındaki arkadaşlarıma, görüş ve eleştirileriyle eserimi daha iyi hale getirdikleri için teşekkürler. Yazarlığa gösterdiğiniz ilgi, bu süreç boyunca kendime olan güvenimi artırdı.

Yazar ve İllüstratör Hakkında

Estela Domaoal uzun yıllar boyunca bankacılık sektöründe bilgi teknolojileri uzmanı olarak çalıştı. Kendi kendine öğrenen bir sanatçı olarak sanat tutkusunu özellikle büyükler ve okul çağındaki çocuklarla paylaşıyor.

"Ben Renk Körü müyüm?" kitabı Estela'nın çocuklar için yazdığı ilk resimli kitap. Kendisi şu anda iki oğluyla birlikte Avustralya'nın Sidney kentinde yaşıyor.